I LOVE TO SHARE
IK HOU VAN DELEN

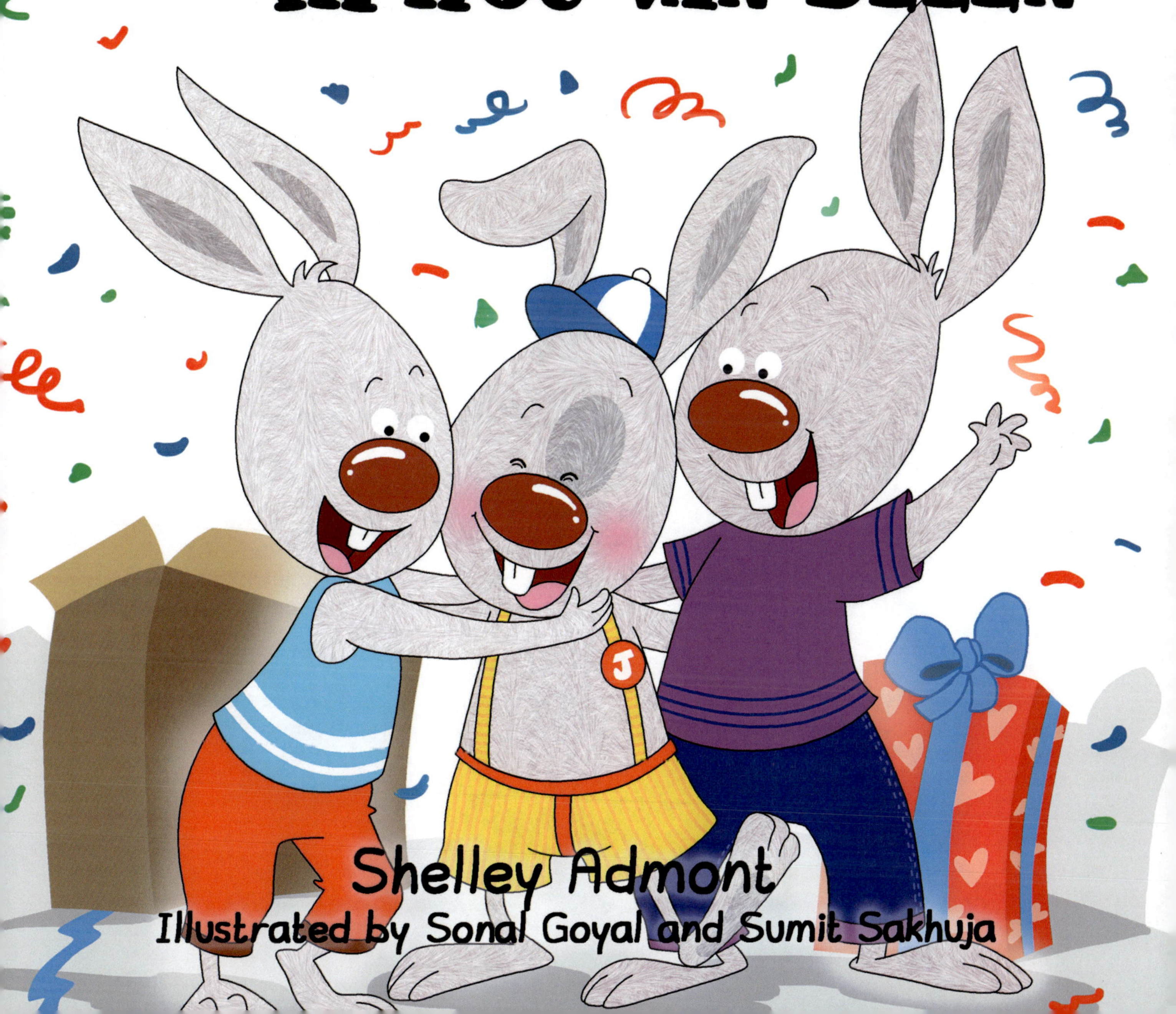

Shelley Admont

Illustrated by Sonal Goyal and Sumit Sakhuja

www.sachildrensbooks.com
Copyright©2015 by S. A. Publishing
innans@gmail.com

All rights reserved. No part of this book may be reproduced in any form or by any electronic or mechanical means, including information storage and retrieval systems, without written permission from the publisher or author, except in the case of a reviewer, who may quote brief passages embodied in critical articles or in a review.

Alle rechten voorbehouden. Niets uit deze uitgave mag worden verveelvoudigd, opgeslagen in een geautomatiseerd gegevensbestand, of openbaar gemaakt, in enige vorm of op enige wijze, hetzij elektronisch, mechanisch, door printouts, kopieën, of op welke andere manier dan ook, zonder voorafgaande schriftelijke toestemming van de uitgever.

First edition, 2015

Translated from English by Marcella Oleman
Vertaald uit het Engels door Marcella Oleman

I Love to Share (Dutch Bilingual Edition)/ Shelley Admont
ISBN: 978-1-77268-744-6 paperback
ISBN: 978-1-77268-745-3 hardcover
ISBN: 978-1-77268-743-9 eBook

Please note that the Dutch and English versions of the story have been written to be as close as possible. However, in some cases they differ in order to accommodate nuances and fluidity of each language.

Although the author and the publisher have made every effort to ensure the accuracy and completeness of information contained in this book, we assume no responsibility for errors, inaccuracies, omission or any inconsistency herein.

For those I love the most—S. A.

Voor degenen van wie ik het meeste hou—S.A.

"Look at how many new toys I have," said Jimmy the little bunny, looking around the room.

"Kijk eens hoeveel nieuw speelgoed ik heb," zei Jimmy het kleine konijntje, terwijl hij de kamer rondkeek.

His birthday party was over and the room was full of presents.

Zijn verjaardagsfeestje was afgelopen en de kamer lag vol met cadeautjes.

"Oh, your birthday party was so fun, Jimmy," his middle brother said.

"O, je verjaardagsfeestje was zo leuk, Jimmy," zei zijn middelste broer.

"Let's play," said his oldest brother. He took the largest box. "There's a huge train inside!"

"Laten we spelen," zei de oudste broer. Hij pakte het grootste cadeau. "Er zit een hele grote trein in!"

Suddenly, Jimmy jumped to his feet and grabbed the box. "Don't touch it! It's my train!" he cried. "All these presents are MINE!"

Plotseling sprong Jimmy op en greep het cadeau. "Blijf er van af! Dat is mijn trein!" huilde hij. "Al deze cadeaus zijn van MIJ!"

"But, Jimmy," said the oldest brother, "we always play together. What happened to you today?"

"Maar Jimmy," zei de oudste broer, "we spelen altijd samen. Wat is er vandaag met je aan de hand?"

"Today is MY birthday. And these are MY toys," Jimmy screamed.

"Vandaag is het MIJN verjaardag. En dit is MIJN speelgoed," schreeuwde Jimmy.

"We better go play basketball," The oldest brother glanced out the window. "It's nice and sunny today," he said.

"We kunnen beter gaan basketballen," Hij wierp een blik door het raam. "Het is mooi en zonnig weer vandaag," zei de oudste broer.

The two bunny brothers took a ball and went outside. Jimmy stayed in the room on his own.

De twee konijnenbroertjes pakten een bal en gingen naar buiten. Jimmy bleef alleen in de kamer.

"Yeah!" he exclaimed. "Now all the toys are for me! I can do whatever I want!"

"Ja!" riep hij uit. "Nu is al het speelgoed voor mij! Ik kan doen wat ik wil!"

He took a large box and opened it happily. Inside he found a rail trail and a new colorful train. He just needed to put the rail trail together.

Hij pakte een groot cadeau en opende het blij. In de doos zat een treinrails en een nieuwe kleurrijke trein. Hij moest alleen de treinrails in elkaar zetten.

"Oh, these pieces are too small!" he said, holding the rail trail parts. "How should I connect them together?"

"O, deze stukken zijn te klein!" zei hij, terwijl hij de onderdelen van de treinrails vasthield. "Hoe moet ik ze aan elkaar vastmaken?"

Somehow he built the rail line, but it came out crooked. When he finally turned on his new colorful train, it got stuck on the track.

Op de een of andere manier bouwde hij de rails, maar het resultaat zag er krom en gebogen uit. Toen hij eindelijk zijn nieuwe kleurrijke trein aanzette, kwam hij vast te zitten op het spoor.

Jimmy looked around and spotted another box.

Jimmy keek rond en zag een ander cadeau.

"No worries. I have more new toys," he said and took another present. Inside there were superhero toys.

"Geen zorgen. Ik heb meer nieuw speelgoed," zei hij en pakte een ander cadeau. Daarin zaten actiefiguren van superhelden.

"Wow!" exclaimed Jimmy. He started to run around the room with new superhero toys in his hands.

"Wauw!" riep Jimmy uit. Hij begon de kamer rond te rennen met de nieuwe superhelden in zijn handen.

Soon he became tired and bored. He tried everything. He played with his favorite teddy bear and he even opened all his presents, but it was not fun at all.

Al snel werd hij moe en raakte hij verveeld. Hij probeerde alles. Hij speelde met zijn favoriete teddybeer en hij opende zelfs al zijn cadeaus, maar het was helemaal niet leuk.

Jimmy watched through the window and saw his brothers playing cheerfully with their basketball. The sun was shining brightly, and they were laughing and enjoying themselves.

Jimmy keek door het raam en zag zijn broers vrolijk spelen met hun basketbal. De zon scheen fel en ze waren aan het lachen en vermaakten zich.

"How are they having so much fun? They only have one basketball!" said Jimmy. "All the other toys are here with me."

"Waarom hebben ze zoveel plezier? Ze hebben maar één basketbal!" zei Jimmy. "Al het andere speelgoed ligt hier bij mij."

Then he heard a strange voice.
Toen hoorde hij een vreemde stem.

"They SHARE," it said.
"Ze DELEN," zei de stem.

Jimmy looked around the room, staring at his bed where his teddy bear sat. The voice came from there. "What?" he whispered.

Jimmy keek de kamer rond en staarde naar zijn bed, waar zijn teddybeer zat. Daar kwam de stem vandaan.
"Wat?" fluisterde hij.

"They share," repeated his teddy bear with a smile.

"Ze delen," herhaalde zijn teddybeer met een glimlach.

Jimmy looked at him amazed. He never thought that sharing could be fun.

Jimmy keek hem verbaasd aan. Hij had nooit gedacht dat delen leuk kon zijn.

Jimmy shook his head. "No...I don't like to share. I love my toys."

Hij schudde zijn hoofd. "Nee .... Ik hou niet van delen. Ik hou van mijn speelgoed."

"Try it," insisted his teddy bear. "Just try it."

"Probeer het eens," drong de teddybeer aan. "Probeer het gewoon eens."

Meanwhile the weather changed. Dark clouds covered the sky and large raindrops started falling to the ground.

Ondertussen veranderde het weer. Donkere wolken bedekten de lucht en dikke regendruppels begonnen naar beneden te vallen.

Laughing, the two bunny brothers ran into the house.

Lachend renden de twee konijnenbroertjes naar binnen.

"Oh, you're all wet," said Mom. "Go change your clothes and I'll make you hot chocolate."

"O, jullie zijn helemaal nat," zei mama. "Gaan jullie je maar omkleden. Dan maak ik warme chocolademelk."

"Come, Jimmy, do you want hot chocolate too?" she asked. Jimmy nodded.

"Kom Jimmy, wil je ook warme chocolademelk?" vroeg ze. Jimmy knikte.

Mom opened the fridge to grab the milk. "Look, there's a small piece of your birthday cake left."

Mama opende de koelkast om de melk te pakken. "Kijk, er is nog een klein stukje van je verjaardagstaart over."

Jimmy jumped to his feet. "Yeah, can I have it? It was so tasty!"

Jimmy sprong op. "Ja, mag ik het hebben? Het was zo lekker!"

At that moment, his brothers entered the kitchen.

Op dat moment kwamen zijn broers de keuken binnen.

"Did you say cake?" asked the middle brother.

"Zei je taart?" vroeg de middelste broer.

"I'd like a piece," added the oldest brother.

"Ik wil graag een stukje," voegde de oudste broer toe.

Their father followed them. "Is this a…birthday cake?"

Hun vader kwam achter hen aan. "Is dit een … verjaardagstaart?"

Mom smiled softly. "Ahh…there is actually a tiny little piece left. And there are five of us."

Mama glimlachte stilletjes. "Aah … Er is eigenlijk maar een heel klein stukje over. En we zijn met z'n vijven."

Jimmy looked at his loving family and felt a warm feeling spread from his heart. He knew what he needed to do and it felt so good.

Jimmy keek naar zijn liefdevolle familie en voelde een warm gevoel vanuit zijn hart verspreiden. Hij wist wat hij moest doen en het voelde zo goed.

"We can share," he said. "Let's cut it into five pieces."

"We kunnen delen," zei hij. "Laten we het in vijf stukken snijden."

All the members of the bunny family nodded their heads. Then they sat around the table and everyone enjoyed a piece of birthday cake and a hot chocolate.

Alle leden van de konijnenfamilie knikten met hun hoofden. Toen gingen ze om de tafel zitten en iedereen genoot van een stukje verjaardagstaart en warme chocolademelk.

Jimmy glanced at their smiling faces and thought, *Sharing can actually feel very nice after all.*

Jimmy keek naar hun glimlachende gezichten en dacht: delen kan eigenlijk toch heel fijn voelen.

When they finished, Mom came to Jimmy and gave him a huge hug. "Happy birthday, honey," she said.

Toen ze klaar waren, kwam mama naar Jimmy toe en gaf hem een stevige knuffel. "Gefeliciteerd met je verjaardag, lieverd," zei ze.

The two older brothers and their dad gathered around them and shared the family hug.

De twee oudere broers en hun vader kwamen om hen heen staan en deelden een familieknuffel.

"Happy birthday, Jimmy," they screamed together.

"Gefeliciteerd met je verjaardag, Jimmy," schreeuwden ze samen.

Jimmy smiled. "Do you want to play with my toys?" he asked his brothers. "I have a new train and new superheroes."

Jimmy glimlachte. "Willen jullie met mijn speelgoed spelen?" vroeg hij aan zijn broers. "Ik heb een nieuwe trein en nieuwe superhelden."

"Yeah! Let's play!" shouted the bunny brothers.

"Ja! Laten we spelen!" juichten de konijnenbroertjes.

Together Jimmy and his brothers built a perfect rail trail. The train whistled and ran fast around the track.

Samen bouwden Jimmy en zijn broers een perfecte treinrails. De trein floot en raasde over het spoor.

Then they opened the presents and played with all their toys.

Toen openden ze de cadeaus en speelden met al hun speelgoed.

From then on, Jimmy loved to share. He even said that sharing is fun!

Vanaf toen hield Jimmy van delen. Hij zei zelfs dat delen leuk is.